Mi labrador

Heather Kissock

EYEDISCOVER

EYEDISCOVER

Ve a **www.eyediscover.com** e ingresa el código único de este libro.

CÓDIGO DEL LIBRO

AVJ94663

EYEDISCOVER te trae libros mejorados por multimedia que apoyan el aprendizaje activo.

Published by AV² by Weigl
350 5th Avenue, 59th Floor New York, NY 10118
Website: www.eyediscover.com

Library of Congress Control Number: 2018942807

ISBN 978-1-4896-8225-3 (hardcover)

Printed in the United States of America
in Brainerd, Minnesota
1 2 3 4 5 6 7 8 9 0 22 21 20 19 18

052018
011618

English Editor: Katie Gillespie
Spanish Editor: Ana María Vidal
Designer: Mandy Christiansen
Spanish/English Translator: Translation Services USA

Weigl acknowledges Getty Images, iStock, Alamy, Shutterstock, and Dreamstime as the primary image suppliers for this title.

EYEDISCOVER proporciona contenido enriquecido, optimizado para el uso en tabletas, que complementa este libro. Los libros de EYEDISCOVER se esfuerzan por crear un aprendizaje inspirado e involucrar a las mentes jóvenes en una experiencia de aprendizaje total.

Mira
El contenido de video da vida a cada página.

Navega
Las miniaturas simplifican la navegación.

Lee
Sigue el texto en la pantalla.

Escucha
Escucha cada página leída en voz alta.

Tu EYEDISCOVER con Seguimiento de Lectura Óptico cobra vida con...

Audio
Escucha todo el libro leído en voz alta.

Video
Los videos de alta resolución convierten cada hoja en un seguimiento de lectura óptico.

OPTIMIZADO PARA
- ✓ TABLETAS
- ✓ PIZARRAS ELECTRÓNICAS
- ✓ COMPUTADORES
- ✓ ¡Y MUCHO MÁS!

Mi labrador

En este libro, aprenderás sobre

- cómo se ve
- qué hace
- cómo lo cuido

¡y mucho más!

Yo amo a mi labrador.

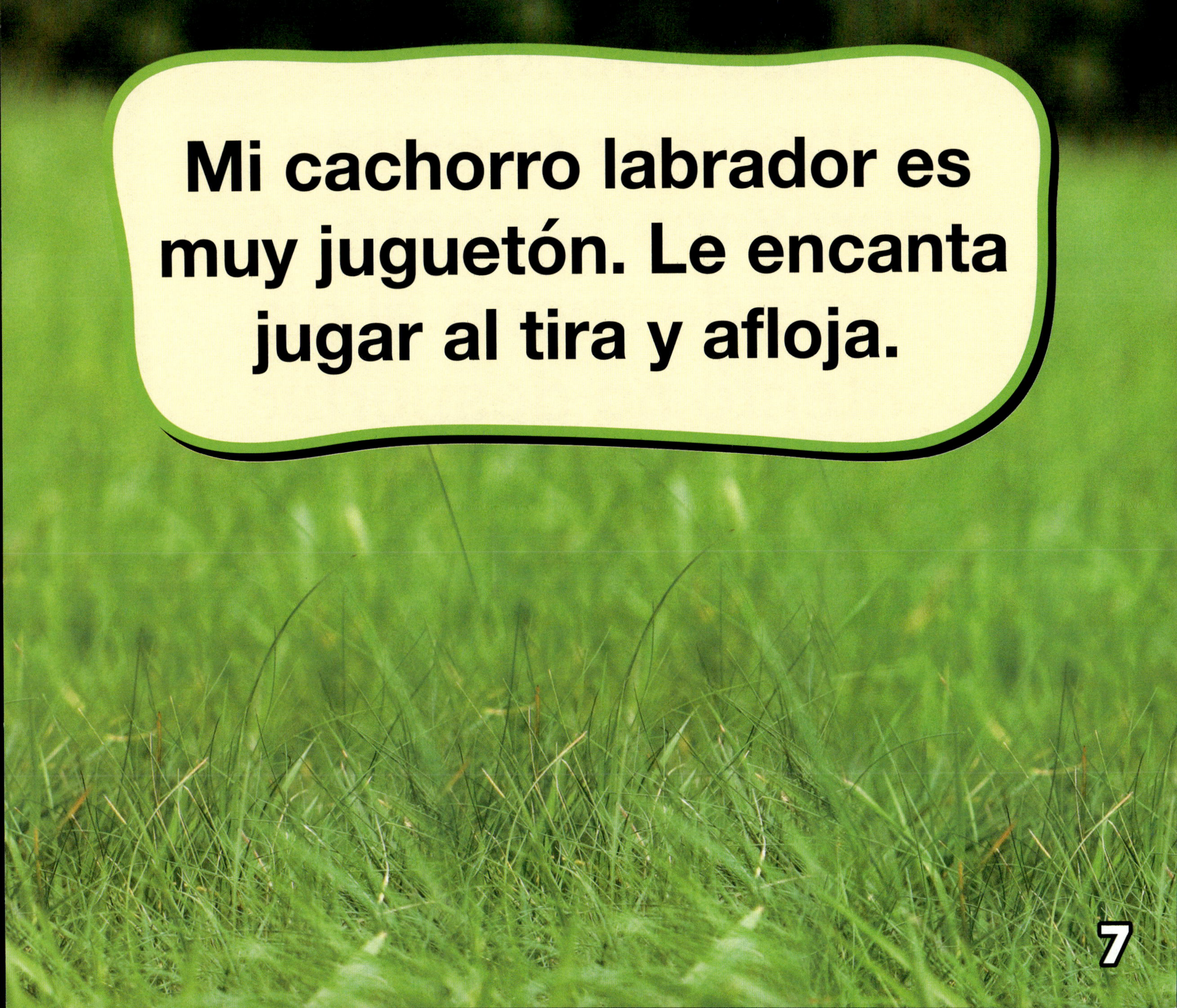

Mi cachorro labrador es muy juguetón. Le encanta jugar al tira y afloja.

Los cachorros labrador necesitan aproximadamente 16 horas de sueño al día. Intento no despertar a mi cachorro cuando está durmiendo.

Los labradores pueden correr muy rápido. Mi labrador puede correr más rápido de lo que yo puedo andar en mi bicicleta.

Mi labrador come dos veces al día. Es mi trabajo darle comida.

Le doy juguetes a mi labrador para masticar. Esto ayuda a mantener sus dientes limpios.

A mi labrador le gusta jugar a traer la pelota. Le tiro una pelota para que la atrape.

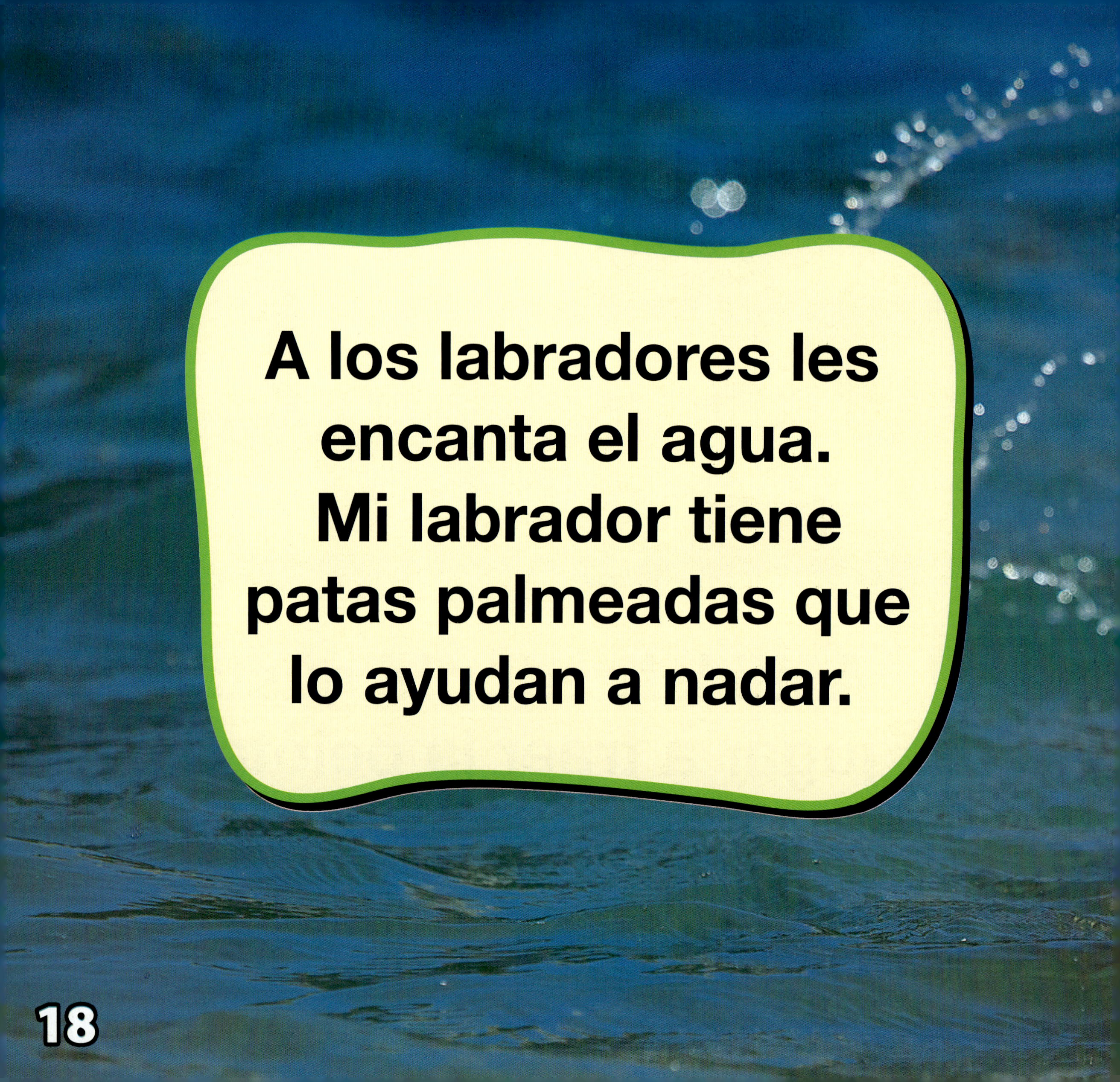

A los labradores les encanta el agua. Mi labrador tiene patas palmeadas que lo ayudan a nadar.

A veces mi labrador
hace cosas graciosas.
Él me hace reír.

LABRADORES EN NÚMEROS

Los labradores pesan entre **55 y 80** libras. (25 y 36 kilogramos)

Un labrador debe cepillarse **una vez al día.**

Los labradores necesitan **EJERCITARSE** todos los días.

#1

Los labradores son la **raza de perro más popular** en los Estados Unidos.

El pelaje de un labrador es **impermeable**.

Los **3 colores** de los labradores son **amarillo**, **negro** y **chocolate**.

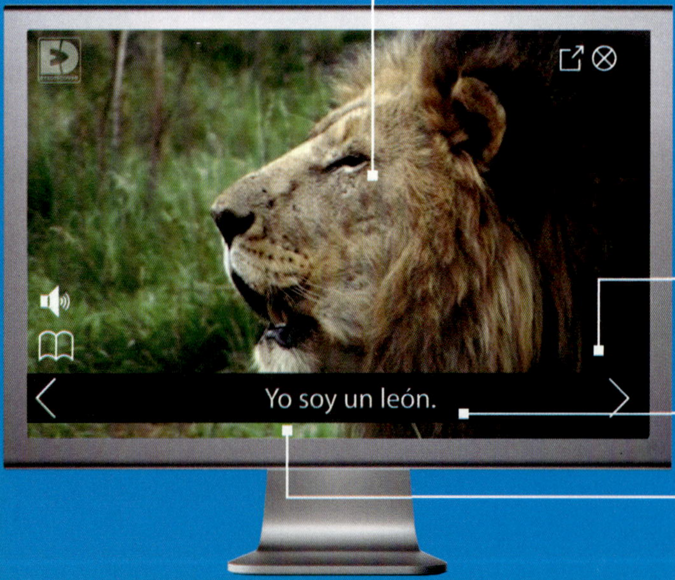

Mira
El contenido de video da vida a cada página.

Navega
Las miniaturas simplifican la navegación.

Lee
Sigue el texto en la pantalla.

Escucha
Escucha cada página leída en voz alta.

EYEDISCOVER

Ve a www.eyediscover.com e ingresa el código único de este libro.

CÓDIGO DEL LIBRO

AVJ94663